빛들의 피곤이 밤을 끌어당긴다

빛들의 피곤이 밤을 끌어당긴다

김소연 시집

민음의 시 131

민음사

自序

저 달은 웃으리.

— 김소연

차례

I. 달팽이 뿔 위에서

달팽이 뿔 위에서 13
빛의 모퉁이에서 14
자유로 16
짝사랑 18
異端 20
오래되어도 모르다 22
당신의 아홉 번의 윤회 24
시인 지렁이 씨 27
저녁 11월 28
영혼의 새 30

II. 우리의 귀에 새순이 날 때까지는

報恩 33
진달래 시첩 34
행복한 봄날 36
목련나무가 있던 골목 38
이다음에 커서 나는 40
십일월의 여자들 42
그날이 그날 같았네 44
이 순간, 46
옷장 속의 사자와 마녀 48
이 몸에 간질간질 꽃이 피었네 49

III. 흔적

당신의 혀를 노래하다 53

내가 부모 되어 알아보리라 54

너의 눈 56

일요일 58

순도 60

손톱달 61

흔적 62

상쾌함 64

당신의 저쪽 손과 나의 이 손이 66

강릉, 7번 국도 67

IV. 불귀

추억은 추억하는 자를 날마다 계몽한다 71

불귀·1 72

불귀·2 74

화진포, 7번 국도 75

불귀·4 76

불귀·5 78

불귀·6 81

불귀·7 82

불귀·8 83

불귀·9 84

V. 적막과 햇빛 사이

룬日 89
정지 90
봄날은 간다 92
파란 바께스 하나 94
온기 96
술자리 97
가족사진 98
서커스 99
나무 그림자 안에 내 그림자 100
적막과 햇빛 사이 102

■ 산문 · 그림자論 105

I
달팽이 뿔 위에서

달팽이 뿔 위에서

 사방천지에 잠자는 짐승의 숨소리들이, 세상 가득 상처 난 식물의 코 고는 소리가, 그들이 뱉어놓은 눅진눅진한, 짙은 입 냄새가, 들숨, 날숨, 부풀어오르다 꺼지는 뒷산의 어깨가, 눈 맑은 꽃, 까칠까칠한 턱, 내 손으로 감쌌던 두꺼운 손, 늘어진 머리카락들, 길처럼 여린 길, 발처럼 예쁜 발, 코끼리 발자국 속에 무수한 개미 발자국, 흙 속에 묻어둔 사나운 발톱, 바람 한 장에 꿀 한 순갈, 이슬을 털다 스스로 놀라는 잎갈나무 숲, 달처럼 해진 달, 물처럼 환한 물, 이윽고 별들의 정수리가 다아 보일 때 나는, 점자책을 읽듯 손끝으로 세상을

빛의 모퉁이에서

어김없이 황혼녘이면
그림자가 나를 끌고 간다
순순히 그가 가자는 곳으로 나는 가보고 있다

세상 모든 것들의 표정은 지워지고
자세만이 남아 있다

이따금 나는 무지막지한 덩치가 되고
이따금 나는 여러 갈래로 흩어지기도 한다

그의 충고를 따르자면
너무 빛 쪽으로 가 있었기 때문이다
여러 개의 불빛 가운데 있었기 때문이다

茶山은 국화 그림자를 완상하는 취미가 있었다지만
내 그림자는 나를 완상하는 취미가 있는 것 같다

커다란 건물 아래에 서 있을 때
그는 작별도 않고 사라진다

내가 짓는 표정에 그는 무관심하다
내가 취하고 있는 자세에 그는 관심이 있다

그림자 없는 생애를 살아가기 위해
지독하게 환해져야 하는
빛들의 피곤이 밤을 끌어당긴다

지금은 길을 걷는 중이다 순순히
그가 가자는 곳으로 나는 가보고 있다

자유로

1
겨울 강에 발을 담그고
잠시 휴식을 취한 철새들이
일제히 날개를 좌악── 펼치며 날아갈 때,
부유물처럼 떠 있는 마지막 철새를 지켜본다

언 강물에서 제 몸을 떼어내지 못한
저놈이 견뎠을 차디찬
물의 온도를 상상해 본다
겨울 강에서 그림엽서 같은 풍경을 그릴 수 있게 했던
놈의 인내심은
이제 놈을 동사시킬 것이다

2
선연한 바큇자국은 대개
중앙분리대 쪽으로 향해 있다
위급한 순간에 맞닥뜨렸을 때에
핸들을 왼쪽으로 급히 꺾는 반사 신경이
그를 중앙으로 이끌었으리

깨어지고 부서지고 모가 닳아빠진
중앙분리대에는 왜 폐타이어가 덧붙여 있지 않은지
다급한 영혼들이 불쑥 쳐들어갔을 때에
그는 왜 견고하고 딱딱한 콘크리트여야 하는지

3
비 온 뒤, 가시거리가 유난히 넓어진
길의 끝을 바라본다
연애편지를 봉하듯 야무지게 봉해진
그 끝에는 집이 있고
이 길은 집으로 가는 길이다

이런 길에
가로등이 반듯하게 정렬한 채
저녁을 기다리는 까닭을
나는 지금 알아가는 중이다

짝사랑
── 우리 시대에 대한 弔辭

빈 살림망을 들고 우리는 낙조 앞에 서 있었다
어망을 던져 어망을 포획하는 고깃배와 같았다

자기 생을 낚기 위하여
자기 손으로
자기 몸을 꺼내어
떡밥처럼 매단 것과 같았다

바람 한 점마다 능선을 바꾸는
사막 같은 우상을
이 악물고 숭배한다
그래도 우리는
한 우물 판 스승의 독설 앞에 기꺼이 무릎 꿇는
마지막 종족이기에

혁명을 꿈꾼다는 것만큼
치욕적인 짝사랑이 또 있을까

눈멂으로 눈을 설득하고
귀멂으로 귀를 설득한다

뼛속 간절함을 애써 감춘 채
생명을 잃고 목숨을 얻는다

이 시대는 어머니가 물려준 사기그릇처럼
균열로 아귀 맞춘 채 결탁하고 있어서
국을 담아도 새지 않았다
한 시대가 수장되는 풍경이
그 그릇 안에 다 있었다

異端
──모든 신성은 찬양되는 그 순간이
　신성모독이다

그러므로 역사에 기록될 것이다
라는 결론을 나는 부정한다
민족중흥의 역사적 사명을 띠고 이 땅에 태어난
자들의 몫이므로

아침은 언제나 역사적 사건이었다
제때에 퇴장할 줄 아는
어둠의 페어플레이가 돋보이고
참새의 사소한 연설이 웅장하며
마당 가득 덮어놓은
이슬의 함성이 우렁차기에
신문을 덮고 창문을 여는 것이다

그들이 말하는 불행은
내가 생각해 온 행복이란 단어와 동의어였다

대하소설은 이제 끝났다
그것은 모든 어머니들의 머리카락으로 만든
질긴 지붕이었다

모든 딸들은 저 아득한 서사구조의 끄트머리에
뾰족한 고드름처럼 얼어 있고
지금 봄볕은 똑, 또옥, 똑, 얼음을 녹이며
물방울 종족을 낙하시키고 있다

오래되어도 모르다

이즈음 되면 너의 오래된 건방짐에
밥맛이 없을 법도 한데……
너의 건방짐에는 어쩐지 입맛이 돈다
옹알이를 할 수밖에 없는 너의,

못 볼 걸 보고서 경기를 하고 있는
뻥 뚫린 동공에
지그시 박아주고 싶다
주머니에 넣어 만지작대던
어린 시절 구슬 두 개를

너의 옹알이가 내 귀를 먹는다
먹히는 귀가 먹는 입을 연민한다
귀만이 참으로 시원하다

짐작한 바 없던 애련이
손바닥 위에 내려와 앉는다
소낙비 한 방울처럼 차갑다

─우중에 소경 하나, 지팡이를
지그재그로 휘저으며 걸어간다
근 십 년째, 같은 자리를 맴돌고 있다
곁에는 맹인견 대신 그의 아내가 있다
접혀진 채 모서리가 닳은
한 번도 가본 적 없는 곳의 지도처럼
아직도 신비하고
오래되어도 모르는
도시가 되어

당신의 아홉 번의 윤회

헤로도토스 기록 ─ 바빌로니아 관습*
매일매일 매음을 하러 신전을 찾아온 자. 율법의 완수자. 날마다 성화된 유일한 자.

금와의 기록 ─ 유화의 언술을 받아 적다
"너의 재주와 모략으로 어디로 간들 좋지 않겠는가, 속히 일을 꾸며라."** 사실을 바로잡자면, 실은, 이 말을 하여 주몽을 도망하게 한 것은 그때의 그 새, 들판에 버려진 아기 주몽을 한쪽 날개로 덮어주던,

* 바빌로니아에서는 이 나라의 모든 여성들에게 일생에 한 번 신전에 가서 알지 못하는 낯선 남자에게 매음을 하게 하는 관습이 있었다고 한다. 남자들로부터 받은 돈의 액수는 중요하지 않았다. 여성들은 그 돈을 절대 거절하지 않았으며, 그것은 완수된 행위에 의해 신성해진 돈이므로 그것을 거부하는 것은 죄악이 되었다고 한다. 이 매음을 끝내고 나면, 여신이 보기에 여성은 성화된 존재가 되며, 예쁜 여자들은 곧 자유롭게 신전을 떠나고, 못생긴 여자들은 율법을 완수할 기회가 없어서 몇 년씩 다리에 쥐가 나도록 신전에서 서성여야 했다.
** 「동명왕 신화」에서 이 말은, 주몽의 탁월한 재주를 두려워한 금와와 그 아들들로부터 위협을 받게 된 아들 주몽에게 유화가 한 말로 기록되어 있다. 이 말이 계기가 되어 주몽은 길을 떠났고, 고구려를 건국했다.

비슈누의 일기장에서 발췌——나의 수레 가루다***

날마다 새로 핀 꽃 그 즙으로 빚은 나의 항아리, 손 가운데에 둘은 항상 기도를 올리던 나의 짐승, 다른 손들은 뱀과 칼을 들고 피곤하게 날던 나의 새, 내 언어의 날개, 항상 일곱 살인 어린아이, 요괴들의 어머니, 사람들의 노랫소리를 들어 기분이 좋아질 때면 불치를 고치던 여인, 딱딱해서 안락했던 내 조개껍데기여.

네 번째는 솔거의 그림에 힘 있게 찾아들다 죽었던 그 새,
다섯 번째는 바다를 보지 못하고 알 속에서 썩어간 남극의 펭귄,
여섯 번째는 부두 경배의 제물로 바쳐진 붉은 피를 흘리던 수탉,
일곱 번째는 석양이면 추위에 떨며 내일은 꼭 집을 지으리라 맹세하던 히말라야의 새,

*** 힌두 신화. 보호의 신 비슈누가 타고 다닌 수레의 이름이 가루다이다. 가루다는 wings of speech란 뜻을 지녔고, 가루다를 타고 베다의 모든 지식들이 신의 세계로부터 우리 인간들에게 지금껏 날아온다고 힌두에서는 믿고 있다. 카마는 육욕의 신. 시바 신에 의해 멸하였다.

여덟 번째는 미네르바의 어깨 위에서 한평생을 소일했던 부엉이.

그렇게 오셨군요. 어서 오세요. 기류를 타고 날아보세요. 날갯짓은 멈추시고…… 가신다고요? 그럼 안녕.

지금──당신을 살해할 권리를 위임받은
나는 무릎을 꿇는다. 형광 불빛에 푸르게 날선 칼을 움켜쥔다. 그 한가운데에 칼을 대고 힘을 준다. 단칼에 두 동강이 난다. 반원 하나가 창밖으로 날아간다. 날아가라 네 멋대로.

이 반쪽은 내가 삼키리. 증거를 인멸한다. 해도 소용없지만. 지금 캄캄한 새벽을 달리는, 직진의 지루하고 피곤한 이 길 끝에, 그때의 반원이 다시 떴다

돌하. 노피곰 돋지 마시고. 머리곰도 비추지 마시라. 당신은 이미 하나의 성소다. 어차피 나는 그 안에 있다.

시인 지렁이 씨

가늘고 게으른 비가 오래도록 온다
숨어 있던 지렁이 씨 몇몇이 기어나왔다
꿈틀꿈틀 상처를 진흙탕에 부벼댄다
파문이 인다
시커멓고 넓적한 우주에서
이 지구는 수박씨보다 작고,
지구상에서 가장 작은 지렁이 씨의 꿈틀거림도 파문을 만든다
광활한 우주를 지름길로 떠돌다 돌아온 빗방울에는
한세상 무지렁이처럼 살다 간 자들의 눈물이 포함되어 있다

그 눈물이 파문을 만든다
빗방울도 파문을 만든다
이토록 오랜 비도 언젠가는 그치리라

…… 그러면?

그러면 지렁이 씨들의 *꿈틀꿈틀*, 생애 전체가 환부인 *꿈틀꿈틀* 그들의 필적을 나는 바라보겠고, 시 쓸 일이 없겠다

저녁 11월

벌써 발끝까지 와버린
알 수 없는 당신의
알 것도 같은 냄새를
정직하게 마주하고
싶지는 않았다

숙여 바라본 그림자만으로
당신이 왜 왔는지
알고도 남는다
뼈마디가 덜그럭대어 시끄럽다

더 할 말은 없었겠고
나의 심장 소리가
그 다음을 메운다

요란스레 팔딱이는 심장의 소란이
이 순간의 침묵을 빛나게 하고 있다

외면하고 돌아선 이후에나
옥상에 올라가서
내려다보리라

아직 잎 달린 샛노란 은행나무 미륵불과
테니스 코트의, 속살 같은 붉은 흙과
고함치듯 가로지르는 횡포한 바람 속에서

침묵하던 당신이
어떤 행색의
어떤 뒷모습인지를

영혼의 새*

좁디좁은 이 세계 어디에도
둥지를 틀 곳이 없었던 새를 보았습니다
그만큼 커다란 날개를 가진 자였습니다

나, 오른쪽 날개를 꺾어, 뜯어, 내던지고,
그 자리에 새를 들여앉혔습니다
그 자리가 아프곤 아프곤 했습니다

내 오른쪽 날개가 온몸으로 펄럭입니다

발이 없는 발목에서 싹이 나고 있습니다
나는 이제 아득한 끝으로 갈지도 모르겠습니다
온몸을 펄럭이며 한쪽 날개가 되어주는
이 새가 내 무덤이 될지도 모르겠습니다

오른쪽 겨드랑이에서 땀이 얼고 있습니다
밤 서리들처럼 반짝반짝거립니다
나의 새를 보십시오 나는 눈부십니다

* 미칼 스누니트(Michal Snunit)의 그림책 제목.

II
우리의 귀에 새순이 날 때까지

報恩

밥을 안치는 것도
국을 끓이는 것도
빨래를 너는 것도
과일을 씻는 것도
숭배의 일부임을 알 것 같다

걷는 것
자는 것
먹는 것
쓰는 것
쉬는 것

모든 악덕은 시작된다
사랑이라는 이름의 결례

그 앞에서
우리의
가장 늦은
성불

진달래 시첩

>   진달래 바람에 봄 치마 휘날리더라
>   저 고개 넘어간 사랑마차
>   소식을 싣고서 언제 오나
>   그날이 그리워 오늘도 길을 걸어
>   노래를 부르느니 노래를 불러
>   앉아도 새가 울고 서도 새 울어
>   맹서를 두고 간 봄날의 길은 멀다
>   ―이난영, 「진달래 詩帖」

스무 살 나이엔 봄바람의 설렘을 알았고
서른 살 나이엔 꽃 지는 설움을 알았는데
마흔이 가까워오니 꽃 피는 장관에
눈이 감아지더라

부러진 뼈가 살을 뚫고 튀어나오듯
꽃망울 맺히는 모양에 내가 아픈데
아가리를 좍좍 벌리고
비를 받아먹는 여린 잎들이여

우중에 한껏 부풀어오른 야산을 관망하니
산모처럼 젖이 아프더라

쌀독을 들여다보아도
냉장고를 들여다보아도

국그릇을 들여다보아도
배가 고파서 배가 부르더라

여자가 쓰는 물건들은
왜 하나같이 움푹 패어 있어
무언가 연신 채워 넣도록 생겨먹었는지
이 혹독한 봄날에야
대답을 찾아간다

몽중에 온갖 소원 다 이룰 만치
큰 잠을 잤더라

행복한 봄날

너의 가시와 나의 가시가
깍지 낀 양손과도 같았다
맞물려서 서로의 살이 되는

찔려서 흘린 피와
찌르면서 흘린 피로 접착된
악수와도 같았다

너를 버리면
내가 사라지는,
나를 지우면
네가 없어지는
이 서러운 심사를 대신하여

꽃을 버리는 나무와
나무를 저버리는 꽃 이파리가
사방천지에 흥건하다

야멸차게 걸어잠근 문 안에서
처연하게 돌아서는 문 밖에서

서로 다른 입술로 새어 나오는 한숨이 있었는데
흘리는 눈물의 연유는 다르지 않았다

꽃봉오리를 여는 피곤에 대하여도
이 얼굴에 흉터처럼 드리워진
나뭇가지 그림자에 대하여도
우리의 귀에 새순이 날 때까지는
말하지 않기로 하자

목련나무가 있던 골목

 언덕 아래 사람 사는 불빛이 차오릅니다 흰 입김을 앞으로 내밀면서 언덕을 내려오는 당신, 한쪽 손에 들려진 짐꾸러미를 잠시 내려놓고, 한쪽 어깨에 짊어진 가방을 그 옆에 내려놓고, 당신은 나를 올려다봅니다

 기다리던 택시가 오고, 당신은 가방이랑 짐꾸러미를 챙겨 들고 차 문을 닫습니다 짐을 챙기느라 당신을 미처 챙기지 못한 당신, 내 옆에서 무언가를 기다리며 당신이 서 있습니다 깜박깜박 졸음에 빠져듭니다

 깨우려다 그만둡니다 내 주먹마다 흰밥이 피고 그 밥알들이 환하게 저물어 다 떨어질 때까지, 그리하여 당신의 이불이 되어줄 때까지, 나는 혼자 뜨거운 차 한 잔을 오래 마시며 이 겨울을 지나가고 싶습니다

 눈이 옵니다 저 저녁을 다 덮는 흰 이불처럼 눈이 옵니다 발걸음 소리가 들립니다 당신은 짧은 길을 길게 돌아서, 찬 기운 가득한 빈집에 들어가 버리고, 당신이 남긴 당신과 나는, 이 눈을 다 맞고 서 있습니다

봄이 올 때까지 주먹을 펴진 않을 겁니다 내 주먹 안에 당신에게 줄 밥이 그릇그릇 가득합니다 뜸이 잘 들고 있습니다 새봄에 새 밥상을 차리겠습니다 마디마디 열리는 따뜻한 밥을 당신은 다아 받아먹으세요

이다음에 커서 나는

아이들처럼 남들이 쓰다 버린 물건을 주워와
마당을 가꾸며 하루를 놀으리라

아이들이 사라지고 골목은 조용해질 때
해는 지지 않았고 달은 흐미하게 떠 있을 때
세수를 하고 어린이 프로 앞에 쪼르르 앉곤 했던
자식들을 동백처럼 후두둑 버리리라

날카로운 나뭇가지에 찔려 있는 저 하늘이
붉은 상처를 드러내고 하루를 거둘 때
신음 소리 없는 저 하늘에게 잔을 권하리라

그러곤 테레비 드라마 속으로 들어가리라
연애에 지친 사람들 속에서 애태우느라
눈물 콧물 묻은 휴지일랑
마루 한가운데에 놓고 잠이 들리라

아침이면 다시
경대 앞에 놓인 큰아들 액자를 손바닥으로 닦은 후
신문을 펴고 돋보기는 코끝에 걸고서

주말연속극에 동그라미를 치리라

찾아온 딸애가 울고 짜며
식전부터 청춘의 노곤함을 말할 때에
큰 눈물은 양쪽 뺨을 타고 내려와
턱 아래에서 만난다
라고, 할머니가 하신 말씀을
딴청하며 전해 주리라

십일월의 여자들

보기에 좋고 불편한 속옷은
벌써 오래전에 장롱 서랍 깊이 넣어두었다
그걸 다시 꺼내 입을 날이
없다는 것을 알고 있었다

매일 집을 나서지만
아무 데도 가지 않았다
해마다 여행 가방은 부풀어올랐다
떠날 수가 없었다

길게 늘어난 그림자도
나이가 들어 있었다
영락없이 얇고 흐릿했다

바람이 불면 미치도록 펄럭이다
식량을 담으면 봉긋하고 얌전해지는
구멍가게 비닐봉지와도 같았다

싸가지가 없다고 어린 딸을 때리던
그때의 엄마 나이가 되어 있었고

딸에게 의지하여 딸이 된 엄마는 그러나
싸가지가 없을수록 눈물겨웠다

망치는 있고 못이 없었던 시절을 지나와서
이제는 온몸 모서리가 못 자국으로 헐어 있었다

전설의 고향에서 배운 바대로
아내가 베를 짜는 밤을 엿보지 않는 남자와
일가를 이루기도 하였다

어디든 간에
몸을 덮어두기 위해 입는 이 옷을
벗어 걸어두는 데가 모두 집이기를 바랐다

——나를 안고 싶으니.
　　그럴 때 말고 바로 이럴 때.

그날이 그날 같았네

당신은 나를 바라보았다지만
내 쪽을 쳐다보고 있었을 뿐이었네

뒤에 두고 온 것들이 너무 많았네
해 지는 쪽을 등지고 앉은 사람처럼
그 뒤의 아득한 빛들이 당신을 비추고 있었네

옛일을 회상하고 싶을 때에 당신은 입을 다물었고
옛일을 재생하고 싶을 때에 비로소 입을 열었네

비는 눈앞에서 내렸고 눈은 뒤편에서 내렸네
여느 날과 같이 해는 지고 그러나 노을은 지지 않았네

당신은 둥지를 튼 후 알을 낳아두고는
아가리를 막고 날아가 버린 참새벌 같았고
그러므로 나는 마개를 밀고 나오려 하는 애벌레와 같았네

나 또한 당신을 바라보는 척하면서
당신의 뒤쪽을 음미하고 있었을지도 모르겠네

무엇을 해도 오래전에 해보았던 일이었네
당신의 야유조차도 귀에 익었네
검은 먹지를 댄 것처럼 오늘도 어제 같았네

이 순간,

나는 주머니 속에서 불거져 나온 주먹처럼
너는 주먹 안에 쥐어진 말 한마디처럼,
나는 꼭 쥔 주먹 안에 고이는 식은땀처럼
너는 땀띠처럼,

너는 높은 찬장 속 먼지 앉은 커다란 대접처럼
나는 그득히 담겨 찰방대는 국물처럼,

너는 주둥이를 따고 몸을 마음에게 기울인다
한 방울도 흘리지 않고 따라지기를,
나는 기울였다 세워놓은 술병처럼 반은 비어 있다
마개처럼 테이블 아래로 떨어져 뱅그르르 돌다 멈춘다

나는 베개에 얼굴을 파묻고
너는 벽을 껴안고,
나는 미안하다며 무릎을 꿇고
너는 고맙다며 두 팔을 뻗고,

나는 미친 척하고
너는 제정신인 척하고,

나는 부딪칠 때마다 소리를 지르는 빗방울이 되어
흔적만이 환한 눈송이가 너는 되어,

한 번도 만난 적이 없어서 행복한 너와
이미 만났었기 때문에 괜찮다는 나는,
심장이 멎을 것 같은 나와
심장이 제대로 뛰기 시작하는 너는,

이제야 죽고 싶어진다고 나는 말한다,
네가 태어나고 싶어지는
이 순간에,

옷장 속의 사자와 마녀

하루에도 몇 번씩,
이불을 꺼내고 속옷을 꺼내고 남자의 외투를 꺼내기 위해 여닫는 이 문이 삐걱이다 망가져 주저앉기 전에, 이불을 꺼내는 척 속옷을 꺼내는 척 남자의 허리띠를 꺼내는 척하며 넣어준, 나의 사식을 날름날름 받아먹던

사랑하고 사랑하는 옷장 속의 사자와 마녀여
뛰어나와 포효하라
사자는 날뛰고 마녀는 날으라

사람인 듯 뒤집어쓴 가면을 벗고
이제는 나의 일부가 아닌
너희들의 험한 얼굴로 울부짖어라

제 그림자를 안 만드는 빛이건
빛이 필요치 않은 도처의 어둠이건
귀를 틀어막으며 납작하게 엎드리게 하라

이 몸에 간질간질 꽃이 피었네

오래도록 밟아서 생긴 숲길을
아무 작정 없이 걸어보았네
화장을 하지 않아도
눈치 채는 이가 없었네
품에 안겼던 사내들이
하나도 기억나지 않게 되자
심장에 뿌리를 박고
분꽃들이 만개했네
다 알 만한 물방울이
풀 끝에 맺혀 있었네
아득히 들리던 어린 아기의
울음소리가 그칠 때
땀구멍을 뚫고 채송화가 피었네
멀리 누런 벼들은
논바닥에 발톱 벗어둔 채
누워 있었네
나는 발이 시렸네
발가락 사이로 패랭이가 피었네
허벅지를 타고 나팔꽃이 만개했네
오래도록 밀봉해 둔 과실주를

아무 작정 없이 열어 독배하였네
새들이 울어댈 때 귓속에 길이 열렸네
길을 잃어도 길 속에 있었네

III

흔적

당신의 혀를 노래하다

 넘실대는 목젖. 손을 정갈하게 씻고 혀끝을 들춘다. 혀 밑에 수천 마리 벌 떼, 시끄러운 소릴 내며 날아오른다. 어떤 노여움. 어떤 집요함. 어떤 막무가내. 어떤 결핍감. 어떤 거부감. 어떤 난감함. 어떤, 뜨겁고 건조한 떨림. 그리고 스밈. 습자지 같은 눈빛. 습자지 같은 찢김. 짜릿한 아림. 쓰림. 그렇지만 알싸한 휘발. 묵직하게 남은 그림자. 발밑 수북한 벌 떼의 시체들. 한 그릇의 꿀.

내가 부모 되어 알아보리라*

내민 손을 잡아주면
녹아내리므로
손과 팔을 잘라 떼어놓고
나는 이 길을 걸어야 한다

그러나 가끔은 손을 쓰고 싶을 때가 있다
이마에 흐른 땀을 닦거나
신발 끈을 고쳐 매기 위하여
길가의 꽃 이파리를 만져보기 위하여

나를 부르는 이 길 끝에는
날마다 균열이 가는 집이 있다
그 집에는 균열을 견디는 게 삶인 사람들이 있다

집이란 이름으로 감옥을 짓는
그들의 노고가 다하기 전에
나는 그곳에 가야만 한다

그 심장에 칼을 대려고 나는 걷는다
약이 되면 병도 되는 법,

잔칫상을 차려놓고 기다리는
그들을 눕히고 집도를 하리라
없는 팔과 손을 뻗어서

이렇게 피곤한 길 위에서라면
돌아가 버리는 것도 한 방법일 텐데
단지, 내 부은 발을 딱하게 바라봐 줄
그 깊은 표정을
딱 한 번 음미하겠다며
나는 걸음을 재촉한다

* 김소월의 시 「부모」에서 빌려옴.

너의 눈

네 시선이 닿은 곳은 지금 허공이다
길을 걷다 깊은 생각에 잠겨 집 앞을 지나쳐 가버리듯
나를 바라보다가, 나를 꿰뚫고, 나를 지나쳐서
내 너머를 너는 본다
한 뼘 거리에서 마주보고 있어도
너의 시선은 항상 지나치게 멀다

그래서 나는
내 앞의 너를 보고 있으면서도
내 뒤를 느끼느라 하염이 없다

뒷자리에 남기고 떠나온 세월이
달빛을 받은 배꽃처럼
하얗게 발광하고 있다

내가 들어 있는 너의 눈에
나는 걸어 들어간다

그 안에서 다시 태어나 보리라
꽃 피고 꽃 지는 시끄러운 소리들을
더 이상 듣지 않고 숨어 살아보리라

일요일

식어가는 차와
차 한 잔의 경건함
테이블 50cm 폭의 광활함
각설탕처럼 쟁여 있는 창밖 햇살

보이진 않지만 바람의 거센 호흡
허리가 굽은 행인
그 손엔 검정 비닐봉투의 악다구니

고단한 바람의 광기
나무들의 헤드뱅잉
그 안에 갇힌 구관조 한 마리
무덤이 될 수 없는 날개
그 날개를 얹고 날기만 하는 새

겨울 외투의 무게
두 눈 속에는 핏발
냉장고에 넣어둔 들꽃

해야 할 말과 할 수 있는 말
향기를 지워가는 지우개의 희희낙락
가고 오지 못하는 질문과 대답

크리스마스 캐럴 크리스마스 전구
감전되는 나무들
혀로 핥아주는 상처
담배 한 모금
바람 두 모금

순도

함박눈이 저렇게 허공을 메우며
한없이 내리는 것을 보노라니
허공이 비어 있을 때보다도 더
허해 보인다
눈이 온다는 사실이 아니라
허해 보이는 허공 때문에
눈물이 나려는 것이다

저리도 광활한 허공이
이리도 빽빽한 지상을
눈여겨보라며
눈을 내려 보낸다

그것을 오래도록 지켜본 자의
지독한 외로움을 더 지독하게 하려고
눈은 밤을 새워
제 눈물을 꽝꽝 얼린다

손톱달

자유로를 단 하나의 선으로 압도하는
너무 큰
달
의 맨몸을 봤습니다

새침하고
스산한
푸른 달이었습니다

분명코 뒷모습일 겁니다
총총히 그리고 무미건조하게 돌아서며
사랑을 요약하는
달의 뒷모습

연연하는
자유로의
길고 긴
속눈썹

흔적
── 딸들이 자라서 엄마가 된다*

꿈조차 배부르네
당신이 끓여준 찌개의 두부처럼
반듯하게 희디희게
그러나 유약한 모습으로 시간은 놓여 있었네
그 무른 두부에도 이가 빠질 때 있다네

당신의 위악은
어쩔 수 없는 힘에 대한 고증일 뿐이라고
아프게 위로했던 것도 같네
아닐 수도 있네

하루하루가 인산인해
육체의 문전성시
육체의 지시적 언어들

마음은 짧은 소낙비처럼
세상에게 곤두박질쳤네
가뭄이 더 오래되면
그 어떤 물기 없이도
해갈을 터득하게 될 거라고

믿었던 것도 같네 아닐 수도 있네

사랑의 가역 작용——그래도
미숙한 질료인 마음에는
흔적이 남네
생각하고 생각하여
상처 내지 흉터라 부르지 않고
흔적이라 불러보네

불가능한 복원——당신은
거기서 탈속하고
나는 여기로 환속하여
따로따로
서로 닮은 시를 쓰네

* 수지 모건스턴(Susie Morgenstern) 모녀의 책 제목.

상쾌함

 이 청승. 이 청승의 상쾌함. 가구도 없는 마루의 청승. 한밤중에 빨래를 개는 청승. 벽지에 박힌 작은 곰팡이들이 밤하늘의 별자리로 보이는 청승. 애국가를 끝까지 듣고는, 테레비 외부입력 푸른빛을 쬐고 앉은 이 청승. 나는 무릎을 감싼다. 마루 끝에 앉아서. 읽었던 소설을 또 읽으며.

 소설 속 남자들은 여자를 버리고 돌아서서, 그 여자의 담장 안쪽에 머물렀다. 우주를 그 마당 안에서 다 펴보았다. 조금도 밖으로 나갈 생각이 없었다.

 여자들은 언제나 남자를 버리고, 주저앉았다. 주저앉은 자세로 고개를 무릎 사이에 파묻고 심장이 소등될 때까지, 자기 심장을 응시하느라 하염이 없었다. 그 자세로 평생을 살았다.

 베란다에 나가 창밖을 바라본다. 나를 버린 남자들이 마당에서 까치처럼 총총대는 것을 보았다. 저희들끼리 낄낄대며 다정하다. 그들이 버린 여자들이 일제히 술렁거린다. 숲속 잎사귀들처럼, 바람 한 번 지나갈 때마다 그 뜻을 내어지른다. 나도 고함을 질러본다. 목욕 다녀오는 여자의 얼어붙은, 겨울 새벽 머리칼처럼 상쾌하다.

당신의 저쪽 손과 나의 이 손이

내 다섯 손가락으로 당신 손등을 꽉 감싸고
당신의 손바닥을 내 손바닥에 빈틈없이 맞붙이고
당신의 그림자가 내 그림자와
봉합된 이 모양을
눈 떼지 않고 바라보면서
아무 생각도 하지 않으면서
이 구겨진 길을 따라 걷는다

한 쌍의 다정한 말똥구리처럼
지구를 굴리며 걷는다 태양을 향하여 직진으로 걷는다
당신의 저쪽 손과 나의 이 손이
지문 하나 남지 않게 닳고 닳도록
그러므로 말똥 같은 지구를
우주 벼랑 끝으로 굴려 떨어뜨리도록

당신의 그림자와 내 그림자가 봉합된 채
이 조그만 지구에 그늘과 밤을 수천 번 드리울 때
우리 뒤에 깔린 반듯한 비단길을 아무도 걷지 말거라
벼랑 끝 노을이 우리 이마에 새겨주는 불립문자를
아무도 읽지 말거라

강릉, 7번 국도
— 잘 닦여진 길 위에서 바다를 보다

다음 생애에 여기 다시 오면
걸어 들어가요 우리
이 길을 버리고 바다로
넓은 앞치마를 펼치며
누추한 별을 헹구는
나는 파도가 되어
바다 속에 잠긴 오래된
노래가 당신은 되어

IV
불귀

추억은 추억하는 자를 날마다 계몽한다

추억은 짐승의 생살
추억은 가장 든든한 육식
추억은 가장 겸손한 육체
추억은 추억하는 자를 날마다 계몽한다

추억은 실재보다 더 피냄새가 난다
추억은 도살장
추억은 정육점
붉게 점등한 채
싱싱한 살점을 냉동보관한다
어느 부위 하나 버릴 게 없구나
번작이끽야(燔灼而喫也)라

불귀 · 1
— 새해 수첩 뒤 지하철 노선도를 한참 동안 쳐다보았다

　도봉-성북-휘경-청량리-종로3가-서울역-노량진-역곡. 손잡이에 매달려 땅속을 헤엄칠 때, 자식 몰래 육신을 헌납한 이모의 장례식으로 가는 조카의 얼굴, 마신 술을 토해 내던 선배 뒤에서 김수영을 인용하던 냉소의 얼굴, 스승의 노래 검은 장갑을 듣던 어린 제자의 얼굴, 더러운 골목에서 더러운 소망을 간절히 빌던 깨끗한 얼굴.

　합정-홍대-신촌-왕십리-잠실-역삼-낙성대-신도림-영등포. 고통의 축제를 옆구리에 낀 채 양화대교를 건너는 바람, 바람을 가르며 번지던 낙조, 걷고 걷던 스무살의 고함 소리, 지하방 아니면 옥탑방, 둘러앉은 계집애들의 울음에 가깝던 노래, 비 맞아 나른해서 벌새가 우는, 종점 없이 순환하는 이 길에서 내려버린 당신.

　언제나 당역에서 하차할 줄 아는 당신
　하차하는 그곳이 언제나 당역인 당신

　일원-양재-신사-충무로-안국-홍제-불광-구파발-대곡-정발산-대화. 더 이상 갈 수 없는 곳까지 가보았던 길, 너무 빨리 도망치다 그림자를 허물처럼 벗어둔 길,

한마디 말이 노래가 되고 시가 되었던 길,

  도시의 수면은 당신이 헤엄쳐 간 뒤 충분히 출렁이고
  도시의 심연엔 당신이 입으로만 부르트도록 지어왔던
유곽이 있고

  쌍문-수유-혜화-충무로-명동-동작-사당-남태령-
과천, 꿈길을 걷는 데도 발이 해이는 길, 꿈속의 오고 감
에도 흔적이 남는 길, 서 있다 보면 다 앉아 가게 되는
이 길, 앉아서 가다 보면 잠이 들게 되는 이 길, 내 지느
러미에 누군가 야광물감을 발라놓았나 봐, 환하게 발광한
다, 동네마다 골목마다 묻혀온 지문들이 무늬가 되고 꽃
이 되어

불귀 · 2

  이해한다는 말, 이러지 말자는 말, 사랑한다는 말, 사랑했다는 말, 그런 거짓말을 할수록 사무치던 사람, 한 번 속으면 하루가 갔고, 한 번 속이면 또 하루가 갔네, 날이 저물고 밥을 먹고, 날이 밝고 밥을 먹고, 서랍 속에 개켜 있던 남자와 여자의 나란한 속옷, 서로를 반쯤 삼키는 데 한 달이면 족했고, 다아 삼키는 데에 일 년이면 족했네, 서로의 뱃속에 들어앉아 푸욱푹, 이 거추장스런 육신 모두 삭히는 데에는 일생이 걸린다지, 원앙금침 원앙금침, 마음의 방목 마음의 쇠락, 내버려진 흉가, 산에 들에 지천으로 피고 지는 쑥부쟁이, 아카시아, 그 향기가 무모하게 범람해서, 나, 그 향기 안 맡고 마네, 너무 멀리 가지 말자는 말, 다 알 수 있는 곳에 있자는 말, 이해한다는, 사랑한다는, 잘 살자, 잘 살아보자, 그런 말에도 멍이 들던 사람, 두 사람이 있었네.

화진포, 7번 국도
―불귀·3

동해바다 이 한 대접 걸쭉한 숭늉에다
너는 저 설악을 밥처럼 말아 먹는다
숟가락도 꼭꼭 씹어 먹고
젓가락도 오도독 깨물어서 다아 먹어버리고

국자 모양의 큰곰자리가
하늘 끝에 거꾸로 처박혀
너의 입에 뜨뜻한 국물을 붓고 있다
입을 크게 벌리고
잘도 받아먹는 천진한 얼굴

불귀 · 4

돌아보면
누더기를 걸쳤던 그 순간보다
더 현명했던 때는 없었다

정들면 지옥
편안해서 노래가 나오는 지옥

한 생애를 당신으로 살아가는
흔적이 내 안에 쌓여갔다
나는 두 겹이 되어 서 있었다

그림자가 한없이 늘어진
석양 무렵에
내가 나에게 물었다
당신을 만난 적이 있지 않나요

모래주머니를 짊어지고 있었어도
잘 걷게 되는 순간은 있었다
그때는 생을 건너뛰는 중이었다

돌아보면
창고에서부터 곳간까지
성소 아닌 곳이 없었다

불귀 · 5

너를 베고 누웠네
두 허벅지 내어주고서 너는
길게 누워 잠든 내 머리칼 쓸어주었네
처마 밑 벤치에 앉아 조심스럽게
그러나 하염없는 시간을

새가 날고 이파리가 떨어지고
빗방울이 멈출 때까지

이제는 내가 그러고 있네
하루해가 다 저물 때까지
집 앞 공원 은행나무 아래에서
너는 내 다리를 베고 누워 눈을 감고
나는 십 년 전 너의 시를 몇 수 읽어주네

너무 멀리 온 것은 아닐까
돌아가자 우리
말은 하지 않았어도
알아들을 것 같은 저녁

여자는 나이를 먹으면 남자가 되어
남자는 나이를 먹으면 여자가 되어
두 다리는 튼튼하고 저리지도 않네
큰 머리가 새처럼 가볍기만 하네

잘 살고 있는 거지
매일 만나면서도 그게
가장 궁금한 근황
응, 끄덕이며 대답해도 그게
가장 무거운 한 음절

옛날이라면 두 손 잡고 걸었을 낙엽 길을
각자의 주머니에 손을 넣고 걷네

그림자는 길고 길어
각자의 시선 또한 멀고 멀어
무릎 관절이 알아서 찾아가는
우리 둘이 사는 집

현관문을 따고 들어가
너는 테레비를 켜고
나는 컴퓨터를 켜고
밥 먹을까
누가 먼저 말 건넬 때까진
뒤통수와 뒤통수만이
다정하게 마주하는 저녁

불귀 · 6

누군가 이쪽으로 달려오고 있다
징검다리를 건너듯
가로등 불빛을 겅중겅중 디뎌 밟는다

한 사람이
달을 베고 누워 있다
심장을 훤하게 켜놓은 채 반듯하게 누워 있다
턱수염만이 덥수룩하게 돋아나고
공중낙원에 잔디밭이 깔린다

누군가 늑골에 손을 넣어 두꺼비집을 내린다

불귀 · 7

  길, 당신의 흉부에 난 흉터, 어둠 속에서 길만이 훤하다 쌀알만 한 먼지를 짊어진 개미 한 마리, 먼지를 쌀알로 믿는 개미 한 마리 그 길을 걷는다 종종대는 개미의 더듬이가 늠름하다 뒤통수가 힘차다

불귀 · 8

 더듬이처럼 헤드라이트를 밝히고 장난감 차가 지나간다 잘 닦인 저 길이 가렵다 창문이 다닥다닥 웃는다 땀을 흘리고 서 있는 나트륨 가로등들

 갑갑한 무덤이 뼈가 되는 시간
 흥건한 식은땀이 살이 되는 시간
 고독한 기침이 알을 낳는 시간

 삶아 널은 속옷처럼 하얗게 이를 드러내고 웃는 야간개장 할인마트, 조물주는 군것질 중, 너무 많이 흘렸나, 개미들이 오글오글하고 도시는 온몸이 가렵다

 조촐한 생쌀이 늦은 밥이 되는 시간

불귀 · 9

제비가
아스팔트 너비를 재고 있다

출산 준비를 하는 먹장구름은
태양을 물에 말아 먹는 중

새로 태어나 내리는 깨끗한 비도
얼마 안 가 흙탕을 만들며
거리를 쏘다닐 것이다

물이 지나간 자리도
얼룩이 남을 것이다

태아처럼 몸을 둥글게 말고서
붉디붉은 황혼이 옆으로 눕는다

아무것에도 닿지 않도록
양팔을 품 안에 꼭꼭 접어 넣은 겁쟁이

나도 지느러밀
우산처럼 접어 신발장에 넣는다

제비가 철사를 물고 와서
가로등 위에다 집을 짓는다

V

적막과 햇빛 사이

忌日

―하나님은 어느 누구의 기도도 듣지 않는다 한다
 죽은 이들의 기도만 듣는다 한다*

산 자들이 날마다

순교하며 스러져가는 태양의 모퉁이

몸을 뒤척이며 잠은 들게 마련

* 김종삼의 시 「벼랑바위」 중에서.

정지

1
작은 새가 잠시 앉았다가 떠났다
나뭇가지가 떨고 있다

금세 아무 기미도 없는
다만 풍경이 되는 나무

2
톱밥을 깔고 앉은 젖소들
뿔이 잘린 사슴들
매순간 살 궁리를 한다

엉덩이까지 실룩이며 꼬리 흔드는 황구들
목청을 높이는 거위들
먹고살자는 몸짓을 연신 해댄다

3
매 한 마리 둥글게 큰 원을 그린다
허공에서 멈춘다

먹이를 본 후
날개를 파르르 떨며 정지해 있다
허공 전체를
두 날개로 떠받치고 있다
그러곤 순식간에
들판으로 내리꽂힌다

4
작은 새가 잠시 앉았다 떠난 것같이
세상이 떨고 있는 찰나가 있다

잠시 눈을 감고
다시 아무 기미도 없는
다만 풍경이 되는 세상

봄날은 간다

땅 위로 주먹을 내밀고, 손가락 쫙 펴서 흔든다
이름을 알 수 없는 짧은 키 들꽃,
손가락 끝에 눈동자 매달고는, 별 거 없는 지상을 휘둥그레 관람한다
꽃자루 짧을수록 그 뿌리는 필시 굵고 깊다 했으니, 억척스럽고 아귀힘이 좋은 뿌리 하나, 겨우내 언 땅 밑에서 긴 생각을 하였다가, 정말이지 저 위의 허전한 허공이 너무 궁금해 지상으로 눈동자를 올려 보낸 것이겠다

얼마나 별 거 없이 지루하면, 한철을 손 흔들다 저버리게 될까, 아무나 가져라, 제 꽃잎 다섯 장의 중심을 날개 달린 것들에게 줘버리게 될까

그러고 보니, 너무 오래 살고 있네, 나여, 그리고 당신이여 하지만, 피는 꽃이 있고 지는 꽃이 있어 나의, 우리의, 지루함을 가시화해 주니 안심, 우린 평생을 지루하고 지루한 지복을 누릴 터
피는 꽃을 바라보면 지는 꽃이 보이는, 이 고루한 관례에 대해

고민할 때에
보이면 어떡하나, 꺼질 듯하지만 꺼지지는 않는, 내 팔딱이는 심장 앞의 弔燈처럼, 쓸데가 전혀 없는 이 꽃이

파란 바께스 하나

천둥 번개는 우루릉쾅쾅
날카롭게 이빨을 드러내는 검은 하늘
하얗게 물보라를 일으키며
타탁타탁 응대를 하는 파란 바께스
뚜껑을 열고 그 속에서
허연 개 한 마리가 기어나와
빗길을 가로지른다

자동차가 요란하게 지나간 후
고개가 반대쪽으로 꺾인 채
길에 누워버린 개 한 마리
흰 김을 몸으로 뿜어낸다
꼼짝을 않는다

셔터 내린 길 건너
빵집과 비디오 가게는
저만큼 뒷걸음을 치고
가로등은 횡포한 빗줄기에
열중하고 있다

소낙비를 받아먹으며
둥근 입을 벌린 파란 바께스
철철대며 빗물이 넘쳐흐른다

온기

하늘 참 파랗다
그 거짓말을 바라보기 위해
식탁 의자 하나를
마당에 내다 놓는 아침

구름 참 하얗다
그 변덕을 바라보기 위해
식탁 의자에 앉아
마당을 차지하고 있는 아침

햇살에 살이 아리다
매 맞듯 살이 아프다

풀 끝에 맺힌
물방울에게 안부를 묻는 햇빛
나무 등걸에 핀
버섯 겨드랑이까지 찾아간다
태양 참 쩨쩨하다

술자리

 청둥오리 떼의 늦은 저녁식사 소리. 텅, 텅, 빈 문산행 기차에 귀를 막는 코스모스들. 방 안에 정지한 검은 그림자 한 줌. 성실하게 운행하는 냉장고의 소음. 더불어 용맹정진하는 후—— 후——. 까르르 까르르. 하얗게 체한 몸을 비추는 전신 거울. 달이 지고 피가 돈다. 수돗물에 담가놓은 미역이 붇고 있고, 습기를 껴안은 소금은 딱딱하게 굳어 있고, 저기 아무도 밟지 않은, 서늘한 이슬 위를 깡충거리는 우리의 농담이 있다. 이제 나는 수혈을 다 끝냈다. 천년만년 딴청 떠는 아침이 오고 있다. 팔도 없는 두 개의 기타가 마주 껴안고 있는데, 부딪쳐 웅—— 하는 소리를 낸다. 그 소리 같네, 이것은

가족사진

 가족사진을 찍으러 갔다
 젊고 환한 아버지 이마 아래, 그 눈빛 닮은 아들이 있었고, 그 튼튼한 한쪽 다리 위에 큰딸이 앉아 있었고, 고운 어머니 품에는 막내딸이 있었다
 플래시가 터졌을 때, 토끼처럼 두 눈을 똥그랗게 뜬 다섯 식구

 아버지 칠순을 맞아 또 가족사진을 찍으러 갔다
 분홍 한복만이 고운 어머니 옆에 어디를 쳐다보는지 알 수가 없는 검은 아버지 계시고, 큰딸과 막내딸은 벽지처럼 무늬를 그리고 배후에 서 있다 옆에는 존재하지 않는 가짜 창문 하나, 창문 밖에는 박제된 여름이 있다

 두 장의 가족사진 번갈아 바라보다, 잠든 부모 등으로 시선을 돌린다 이불의 능선이 야트막하다 작게 부풀어오르다 내려앉는 능선의 속삭임을 오래오래 바라본다

 에미 애비 없는 세상에서 살고 싶다, 그리워하면서 그리워만 하면서

서커스

나를 데리러 온 것 같다
나는 배울 것을 다 배웠다

이제 딸의 손을 잡을 시간
공중그네를 타고 날아가 허공 가운데서 만날 시간

허공에 쳐놓은 그물망은
두려워 가슴 졸이는 관객을 위한 것

공중에서 두 팔을 예쁘게 위로 뻗어
저 아래 관객들에게 손을 흔들어야지

불 곤봉을 던져서
입으로 불을 뿜어서

얻을 것은 다 얻은 것 같다
이제 그물망을 거둘 때가 되었다

나무 그림자 안에 내 그림자

누군가 두고 간 우산처럼
공원 벤치에 앉아
저녁을 기다리자니

몸 늙는 대로
마음 늙기를 원해 보네
마음 가는 곳에 몸이 가 있어야 했던
청춘은 그러나 노예처럼

멀찌감치 서 있던 나무 하나
그림자 끝을 뻗어 내 그림자에게로 와 있네

한 걸음만 자리를 옮겨도
나무 그림자 안에 내 그림자
이 서늘함 속에 쪼그리고 앉아 있네

집으로 돌아가지 않고도
여기에서 이 자세로
몸 썩는 대로 마음 썩겠네

몇 날 며칠
햇볕 쨍쨍하고 바람 칼칼하면
재처럼 휙, 날려서
나는 흔적 없겠고

나무 그늘 아래 벗어둔
운동화 한 켤레는 남겠지만
펼쳐둔 경전처럼 펄럭일 거네

노예처럼 한 청춘
경솔하게 읽었던 성구들이
쟁쟁쟁 음악처럼 놀고 있겠네

적막과 햇빛 사이

아주 잠깐은 푸르스름한 적막만이 이 방에 찾아온 손님 차 한 잔을 내와서 마주앉는다

후박나무가 잎사귀 흔들며 따갑게 퍼덕인다 줄기를 기어가는 작은 발 개미 하나 그 뒤에 또 하나 또 하나 발발거리는 발들을 보고 있자니 우리가 어디로 가는지는 하나도 중요하지 않다

이런 시간에 시를 썼을까
술 마시느라 밤을 새운 매월당 김시습
헤어지며 드리는 시를 썼을까
홍랑 매창 옥봉 그녀들도
이런 시간에

고요해서 다 들리는 이 시간에
적막해서 다 보이는 이 시간에

껴안았을 때에만 느껴지는 당신의 맥박처럼, 덜컥덜컥 희미하게 다가오는 문산행 기차와 형광등에게 필사적으로 가닿았다 까맣게 내려앉은 하루살이들과 1억 5천 킬로미

터를 직진으로 달려오는 햇빛과

  침묵으로만 말해질 수 있는 이 순간들이
  침묵함으로써 돌아앉아 시를 써온 나와 함께
  찻숟가락을 입에 물고 마주보며 웃는다

  새벽이 크나큰 손을 뻗어
  죽어가던 한세상 눈꺼풀을 마저 덮어준다

  햇빛이 난간에 매달린 적막을 떼어낼 때 세상이 살아 있다는 건 모두 거짓말. 떨어지며 절규하는 적막 덕분에 고막이 터진다 지금은 시를 쓸 시간

■ 산문

그림자論

김소연

1

세상 모든 모서리를 확대시키며 해가 진다.

해질녘. 그 시간은 유독 사물이 물성보다는 그 실루엣으로 다가온다. 모든 사물들이 훤히 다 보이던 낮 시간엔 못 보았던 것이 나타나고, 안 보이던 것을 발견한다. 그때마다 당신을 보고, 그리고 당신의 그림자를 보고, 당신이 그다지 멀리 있지 않은 것 같은, 숨소리인지 발소리인지, 당신 것인 듯한 소리마저 듣는다.

그때마다 없는 당신을 만나러 가고, 사라지는 당신을 만나러 간다. 당신을 만났다는 환상을 만나러 가고, 이미 당신을 떠나버린 당신을 만나러 간다. 만나고 싶은 당신이 이미 없다는 것을 알면서도, 만나러 간다는 그 자체를 만나러 간다.

당신이 없다는 것이 실재라면, 당신을 만나러 간다는 그 자체는 幻이다. 아니, 그 반대일지도 모른다. 환과 실재가 조금이나마 그 경계를 지우는 시각.

하루 중에 두 번. 낮과 밤이 교차되는 시각. 해 뜰 때와 해 질 때. 이 시간은 빛이 있되 전부 다 있지는 않다.

빛이 조심스럽게, 농도와 밀도를 조금 낮추고 낮게 포복해 있다. 적들의 시선을 피하려는 병사들처럼 포복해서 이 세상 쪽으로 기어온다. 세상 모든 모서리들은 황금빛이 된다. 아이들의 뺨에 난 솜털과 머리카락 하나하나가 빛을 머금은 채 건널목을 지나가고, 세상의 난간 위에는 먼지가 뽀얗다.

그때. 그림자는 길어진다. 어떨 때는 납덩이처럼 무겁고, 어떨 때는 치렁치렁하며, 어떨 때는 권위를 지닌 채 나를 이끌고 간다. 그것이 무겁거나 치렁치렁하거나 권위 있는 목소리를 내거나 간에, 그림자가 그렇게나 길게, 사물 끝에 매달려 강력한 호소력을 지니는 나름의 시간은 아주 짧다. 금세 세상은 아주 환해져 버리거나, 아주 어두워져 버리니까.

그림자와 그 그림자를 만든 사물의 경계선이 흐릿하다. 우리 눈은 지는 해와 뜨는 해를 보며 무어라 말할 수 없는 매혹적인 색을 착시해 낸다. 산란하는 모든 것들을 향한 우리의 황홀한 착시 때문에 우리는 늘, 불가피하게 빛의 모퉁이를 돌아서 집으로 간다. 납덩이처럼 무겁고 긴 그림자를 발끝으로 끌며.

2

아델베르크 폰 샤미소의 『그림자를 판 사나이(Peter Schlemihls wundersame Geschichte)』는 그림자를 하나의 상징으로 내세워서 실재하지 않는 것의 값어치에 대해 당대에게 질문을 던졌다. 슐레밀이라는 사나이는 원하는 만큼 돈을 쏟아내는 마술 주머니가 탐이 나서 악마에게 자기 그림자를 판다. 그림자 따위가 화수분과 같은 마술 주머니와 교환가치가 있을 거라고 미처 생각하지 못한 슐레밀은 그림자가 없다는 이유로 사람들에게 손가락질 받고 비난의 대상이 되어 은둔자로 살아간다. 결국은 마술 주머니도 소용이 없는 삶이었지만, 소중한 한 가지 깨달음은 얻었다. 이 책의 헌사에 적혀 있듯이 "만약 사람들과 함께 살고 싶어 하는 이들이라면 부디 무엇보다도 그림자를 중시"해야 한다는 것. 여기서 '그림자'는 비가시적인 가치의 세계를 통칭하는 대명사다. 당시 19세기 초의 시대 상황을 풍자하고 있는 하나의 우화인 셈이다. 아마도 샤미소는 그림자로 무엇을 알레고리화하는가보다는 그림자를 잃어버렸다는 자신의 발견에 더 큰 의미를 두고 있었을 것이다.

브루클린 출신의 그림책 작가 에즈라 잭 키츠는 『꿈꾸

는 아이(Dreamer)』를 통해서 그림자의 진실성을 하룻밤 꿈처럼 전달하고 있다. 잠이 오지 않은 밤, 소년 로베르토는 낡은 아파트 창가에서 종이 생쥐를 갖고 놀다 그걸 떨어뜨린다. 종이 생쥐는 떨어지면서 점점 큰 그림자를 드리운다. 바닥에 닿았을 때는 로베르토가 보기에도 놀랄 정도로 아주 커졌다. 종이 생쥐가 낙하할 때, 골목에서 서로 으르렁대며 대치 중이던 개와 고양이가 있었고, 그들은 종이 생쥐의 어마어마한 그림자에 놀라서 달아나고 만다. 겨우 생쥐의 그림자 때문에, 그것도 종이 생쥐의 그림자 때문에 개와 고양이의 실랑이는 끝이 난다.

3
 이 세상에 빛이 있다는 것을 입증하면서, 동시에 사물들로 이 세상이 채워져 있음을 입증하는 것이 그림자이다. 그림자 없는 사물들은 실감을 확보하질 못한다. 그림자가 있어야 평면도 입체가 되고, 신발도 땅을 디딘 것처럼 되며, 나무도 뿌리를 내린 것처럼 된다. 그림자가 없다면 그것은 날고 있는 것이거나, 영혼의 세계를 상징하고 있는 것이거나, 거짓이다.
 직진하고자 하는 빛의 결곡한 욕망을 사물들은 완강히

가로막는다. 그때 그 자리에 그림자가 생긴다. 꽃 진 자리에 열매가 맺히는 것처럼, 빛이 사물에게 진 자리에 그림자가 맺힌다. 그렇게 함으로써, 그림자는 빛과 사물의 관계에 대해 우리에게 묵언의 말을 건네고 있다.

4

사람을 바라보기가 힘겨울 때가 있다. 오랫동안 보고 싶었던 사람이거나, 나에게 할 말이 많은 듯 보이는 사람일 때는 더하다. 마주보고 이야기를 나누는 것이 어색하고 고약하다. 그럴 때 나는 그 사람의 그림자를 본다. 그래서 길을 걸으며 이야기할 때가 좋다. 땅을 바라보는 척하면서 그의 그림자를 바라볼 수 있으니까. 그와 내가 어깨를 나란히 하고 걷고 있다는 사실을 그림자를 통해서 알 수 있으니까.

나는 투명한 사물들이 지닌 투명한 그림자가 좋다. 유리잔의 그림자는 머금고 있는 액체를 검게 표현하면서 동시에 유리잔의 투명함을 투명하게 표현해 낸다. 유리창도 마찬가지다. 커다란 나무의 그림자를 바라보는 것도 좋다. 그 커다란 그림자 안에 들어가 휴식을 취하고 있는, 사람의 안 보이는 그림자를 짐작하는 것도 좋다.

5

 그림자가 길게 늘어진 이른 아침이나 이른 저녁. 세계는 다른 에너지를 준비하는지 막연하고 차분해져 있다. 그때 그림자가 이 세상을 향해 걸어오는 소리가 들린다. 어떨 때는 말없는 그림자의 묵묵함과 엄숙함 때문에 무섭기까지 하다. 출두 명령서와도 같은 그림자를 따라 어딘가로 가야 할 것만 같다. 그럴 때는 내가 걸어가고 있는 것이 아니라, 그림자가 나를 데리고 가는 것이다. 그를 따라가면 그곳은 감옥처럼 나를 가둘 곳임이 틀림없다. 어차피 갇힐 거라면, 기꺼이 갇히는 것도 내가 선택할 수 있는 자유 중의 하나일 거란 생각이 든다. 그래서 나는 번번이 그림자를 따라간다.

6

 그림자 애니메이션「프린스 앤 프린세스」를 보면, 작가가 그려 넣지 않은 표정이 읽힌다. 표정은 짓는 것이 아니라 읽히는 것임을 그 영화를 볼 때 가장 선명하게 알았다. 길을 걷는 내가, 나의 걸음걸이가 지닌 표정을 읽을 수 있는 것도 내 발끝을 끌고 앞으로 가고 있는 내 그림자 덕분이다.

7

 언젠가 어떤 그림자가 나를 내려다보는 꿈을 꾼 적이 있다. 나를 내려다보는 그림자의 시선은 서늘했다. 그에겐 시선이 있었을 리가 만무한데, 나를 바라보는 그 눈길을 나는 보았다. 나를 바라보던 그림자와 마주하게 되었던 꿈속에서, 나는 그림자를 무슨 어머니처럼 바라보았던 것 같다. 어머니의 눈길로 나를 바라보았던 그림자 때문인진 몰라도, 내가 따라가야 할 조물주 같기도 한, 그의 형체는 참 단정해 보였다. 색도 지니지 않고, 표정도 지니지 않은 채, 자세만으로 나에게 많은 말을 건넸다. 일어나 꿈을 기억한 아침에 나는 그것을 시로 기록했다.
 시 역시 그림자와 같지 않을까. 빛의 방향과 사물의 모서리를 제시하고 있다는 점에서. 이 세계에 현현해 있는 모든 현란한 것들의 표정을 지우고, 그 자세만을 담으려 한다는 점에서. 시 쓰는 일은 그림자와 마주하는 일이다. 빛은 어깨 뒤에 있고 그림자는 내 앞에 있을 때에 시 쓰는 일이 가능해진다.

8

  나는 하루하루, 해가 지는 것을 보고, 그리고 또 해가 뜨는 것도 본다. 그 사이, 한밤중에는 스탠드 불빛 하나로 밤을 견딘다. 내 그림자 하나가 빈방을 메우고, 빈방에서 움직이고 있다. 고개를 돌려 빈 벽에 그려진 나의 그림자를 바라보며, 그가 나를 지켜보고 있다는 사실에 놀라기도 한다. 적요를 더 지독하게 만드는 데에 그림자는 한몫을 한다. 그럴 때, 등이 따갑고 마음이 신산하다. 그럴 때, 차마 마주보지도 못하고, 당신 그림자에 시선을 두고 말 이 삶이 더 선명하다. 그럴 때, 당신이 내 안에 무늬를 그리며 있다는 것을 알겠다. 더 빨리, 더 견고하고 완벽하게 당신의 온몸이 나의 온몸이 되는 걸 느낀다.

  이제 그림자가 길어질 시간이 또 다가온다. 길어진 나무 그림자의 정수리를 밟으며 나는 아침 산책을 나갈 것이다. 새소리에도 이슬이 묻어 있듯이, 그림자에도 이슬이 묻어 있을 것이다. 그럴 때 나는 산책을 하는 중이 아니라, 그림자를 따라가는 중이다. 나와 내 그림자를 한꺼번에 응시하고 있는 저 위의 누군가가 있을 것이다. 나는 단지 그림자를 제조하는 하나의 사물일 뿐이고, 나의 그림자가 그에게는 기록하고 싶은 하나의 대상이 될 것임을 나는 안다. 그래서 나는 산책 중에, 나를 관조 중인 내 그림자와 저 위에서 나와 내 그림자를 함께 관조하고 있을 누군가를 위해, 하나의 사물이 되어본다.

빛들의 피곤이 밤을 끌어당긴다

1판 1쇄 펴냄 · 2006년 1월 30일
1판 6쇄 펴냄 · 2022년 6월 28일

지은이 · 김소연
발행인 · 박근섭, 박상준
펴낸곳 · (주)민음사

출판등록 1966. 5. 19. 제16-490호
서울특별시 강남구 도산대로1길 62(신사동)
강남출판문화센터 5층(우편번호 06027)
대표전화 02-515-2000 / 팩시밀리 02-515-2007
www.minumsa.com

ⓒ 김소연, 2006. Printed in Seoul, Korea
ISBN 978-89-374-0739-0 (03810)

* 잘못 만들어진 책은 구입처에서 교환해 드립니다.